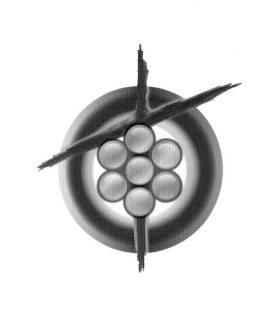

ユスト高山右近列福式ミサ
公式記録集

JUSTO
TAKAYAMA
UKON

カトリック中央協議会

教皇フランシスコ

昨日、日本の大阪で、1615 年にマニラで殉教した深い信仰をもった信徒の高山右近が列福されました。妥協することなく、彼は名誉も富裕な生活も捨て、辱めと国外追放とを甘受しました。右近は、キリストと福音とに忠実であり続けました。ですから彼は、強固な信仰と愛のわざへの献身の優れた模範とされています。

2017 年 2 月 8 日の一般謁見での、教皇フランシスコのことば

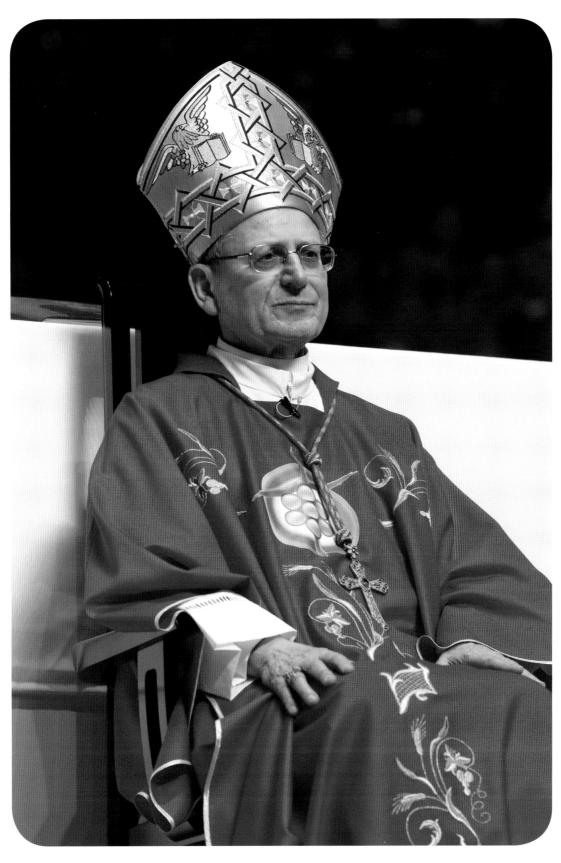

教皇フランシスコ代理　教皇庁列聖省長官
アンジェロ・アマート枢機卿

LITTERAE APOSTOLICAE

Nos,
vota Fratris Nostri
Petri Takeo Okada,
Archiepiscopi Metropolitae Tokiensis,
necnon plurimorum aliorum Fratrum in Episcopatu
multorumque christifidelium explentes,
de Congregationis de Causis Sanctorum consulto,
auctoritate Nostra Apostolica
facultatem facimus ut
Venerabilis Servus Dei
IUSTUS TAKAYAMA UKON,
laicus, paterfamilias, martyr,
qui, Evangelio laetanter accepto, omnem humanum honorem recusans,
armaturam Domini induit eiusque Regni heroicus testis factus est,
Beati nomine in posterum appelletur,
eiusque festum
die tertia mensis Februarii,
qua in caelum ortus est,
in locis et modis iure statutis
quotannis celebrari possit.
In nomine Patris et Filii et Spiritus Sancti.
Amen.

Datum Romae, apud Sanctum Petrum,
die primo mensis Februarii,
anno Domini bismillesimo septimo decimo,
Pontificatus Nostri quarto.

Franciscus

式中に教皇代理によって読み上げられた、教皇フランシスコの使徒書簡

Table of Contents

Table of Contents   *B/W pages*

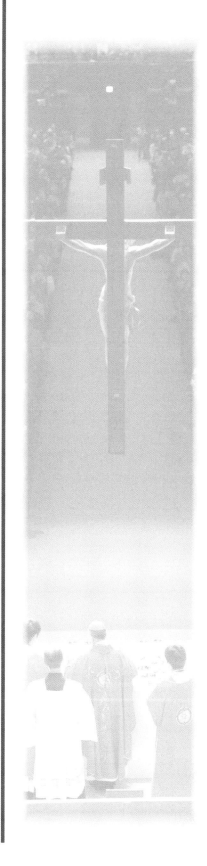

JUSTO TAKAYAMA UKON

列福式ミサ

神のしもべ

ユスト高山右近

リハーサル

式長、式長補佐、助祭、神学生らによって、前日の晩に行われたリハーサルの風景。限られた時間の中で所作を繰り返しつつ、全体の流れを確認した。本番前に汚してしまうことのないよう、壇には各自靴を脱いで上がった。

開　場

続々と会場入りする参加者。会場前には、書籍や関連グッズなどを販売するブースが設営され賑わった。2段目右の写真は招待者受付の様子。招待者証を受け取っているのは、元・在バチカン日本国特命全権大使の上野景文氏。手前は現・在バチカン日本国特命全権大使の中村芳夫氏。右は開式前の場内の様子。高山右近の生涯を紹介するVTRが大型スクリーンで上映された。

列福式ミサ
入 堂

登壇者以外の司祭（アリーナ席、スタンド席）は
行列には加わらず、先に席に着いた。

聖遺物を掲げる豊田貴範助祭

会衆に笑顔でこたえるタグレ枢機卿

会衆を祝福する教皇代理アマート枢機卿

列 福 の 儀

岡田武夫大司教による列福の誓願

ヴィットヴェル師によるユスト高山右近の略歴紹介

平林冬樹師の日本語訳の読み上げ

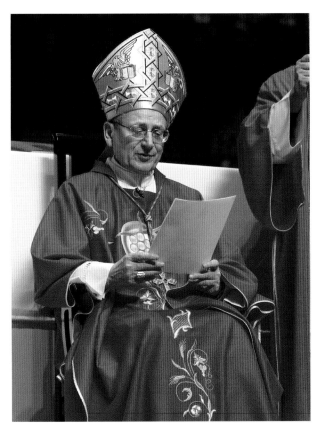
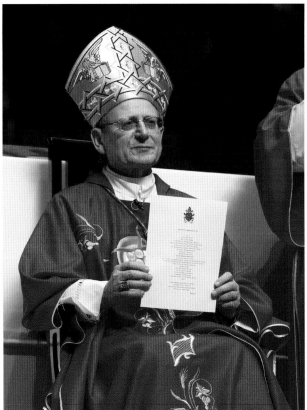

教皇代理による教皇の使徒書簡の朗読

使徒書簡の朗読に続き、鐘が鳴らされ、スクリーンに映し出されるかたちで高山右近肖像画の除幕。そして、教皇代理が聖遺物に献香。

岡田武夫大司教による謝辞

謝辞が終わると教皇代理は微笑んで岡田大司教を手招きし、そして抱擁した。
４つ目の写真、手前は列聖省事務局長のリゾッティ師、奥は式長のパウロ・セコ師。

岡田大司教、ヴィットヴェル師、タグレ枢機卿に、教皇書簡の写しが贈られた。

（左より）白浜満司教、勝谷太治司教、浜口末男司教、
幸田和生司教、シュミットホイスラー司教

（左より）張信浩司教、愈興植司教、李基憲司教、姜禹一司教

（左より）朴正一司教、オロリッシュ大司教、ブイ・ヴァン・ドック大司教、
金喜中大司教、チェノットゥ大司教、タグレ枢機卿

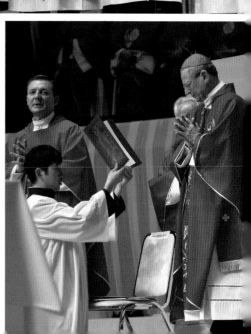

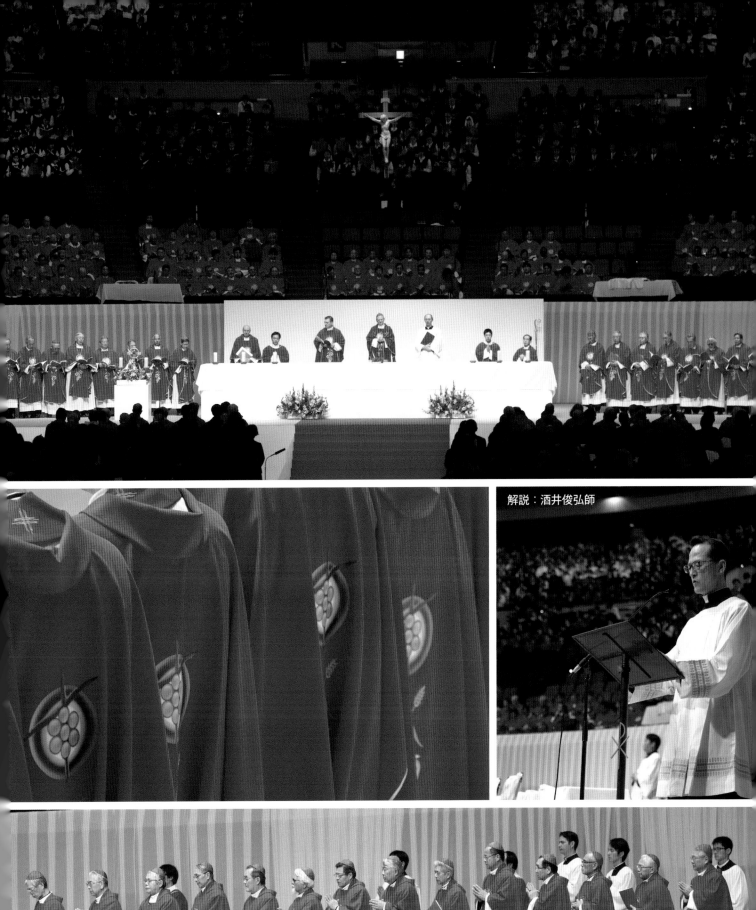

解説：酒井俊弘師

（左より）岡田武夫大司教、髙見三明大司教、前田万葉大司教、池長潤大司教、野村純一司教、押川壽夫司教、大塚喜直司教、
梅村昌弘司教、松浦悟郎司教、宮原良治司教、菊地功司教、郡山健次郎司教、平賀徹夫司教、諏訪榮治郎司教

ことばの典礼

第一朗読：安見悦子さん

答唱詩編独唱：仲川久代さん

第二朗読：メアリー・ジーン・セイトーさん

福音朗読：大塚乾隆助祭

アマート枢機卿説教

教皇代理の右後方で通訳を務めるロロピアナ師

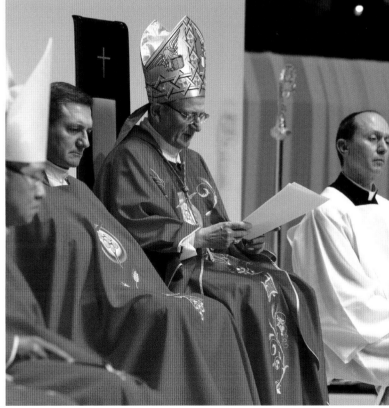

共同祈願：
崔鶴樹さん　安田和子さん
濱野尚作さん　グロリア・クニエダさん
グエン・ティ・バッチ・ランさん

感謝の典礼

奉納：井上乃愛さん、定本武之さん、
　　　Sr. 村上ハルノ

献香：ホアン・ドゥク・ロイ助祭

（左から）金喜中大司教、チェノットゥ大司教、（一人おいて）タグレ枢機卿、（一人おいて）アマート枢機卿、
（二人おいて）髙見三明大司教、前田万葉大司教、岡田武夫大司教

聖歌隊・オルガン・オーケストラ

聖歌隊指揮：遠藤政樹さん

オルガン演奏：桑山彩子さん

オーケストラ指揮：西居望さん

アリーナ席・スタンド席

手話通訳

フィリピン高山右近顕彰会会長エルネスト・デ・ペドロさん

YouTube 生放送の
解説ブースの様子
レンゾ・デ・ルカ師と
Sr. 前田智晶

高山家十六代当主高山豊次さんと美智子さんご夫妻

謝　辞

髙見三明大司教

前田万葉大司教

梶山義夫師

退　堂

金喜中大司教　シュミットホイスラー司教　前田大司教　梅村司教　宮原司教　野村司教　白浜司教　松浦司教　諏訪司教　髙見大司教　郡山司教　タグレ枢機卿　押川司教　浜口司教　アマート枢機卿　姜禹一司教　勝谷司教　愈興植司教　菊地司教　チェノットゥ大司教　張信浩司教　李基憲司教　幸田司教　岡田大司教　池長大司教　朴正一司教　平賀司教　オロリッシュ大司教　大塚司教　ブイ・ヴァン・ドック大司教

（左から）
梶山義夫師
オビエジンスキー師
平林冬樹師
ヴィットヴェル師
ロロピアナ師
鈴木國弘師
大塚乾隆助祭

聖遺物について

　列福式で顕示された右近の聖遺物は、スペイン人宣教師から右近に贈られたとされるチョッキの一部。桐文様の桃山時代の布に金糸で洋傘を刺繍し、金のボタンには古いスペイン語で喜びを表す文字がある。なお、この聖遺物は、2017年10月に一般信徒を対象に計画されている教皇に対する列福感謝公式巡礼（司教団主催）の

際に教皇に献呈する予定。献呈された聖遺物は、一年間教皇執務室に置かれ、その後、バチカン美術館に収蔵される。

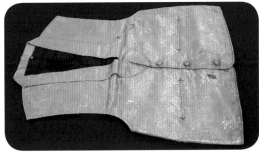

　聖遺物が納められた顕示台は、教皇庁に聖具類を納めているローマの工房ボッテガモルテットによる制作。

十字架について

　祭壇後方に下げられた十字架像は、香里教会（大阪府寝屋川市）から運ばれた。普段から同教会の祭壇後方に掲げられている像である。

　なお十字架像の裏面には、大阪カテドラル聖マリア大聖堂での列福感謝ミサ後に、アマート枢機卿が列福式で着席した椅子とともに、同枢機卿、チェノットゥ大司教、前田大司教の3名によって、署名がなされた。

鐘について

　今回用いられた鐘は、以前大阪カテドラル聖マリア大聖堂にあった鐘楼に設置されていた8個の鐘のうちの一つである。鐘楼は1995年1月に起きた阪神淡路大震災で被災したことにより撤去され、鐘本体だけが保管されていた。

　列福式後、この鐘は大聖堂入り口に設置され、現在も使用されている。

　十字架の形をした支柱の製作は、ヨーロッパベル販売株式会社。

肖像画について

作者は三牧樺ず子氏（カトリック美術協会会員）。オリジナルは油絵50号の作品。

三牧氏は、2008年のペトロ岐部と187殉教者列福式で除幕された肖像画も手掛けた。

シンボルマークについて

作者は師イエズス修道女会のシスター北爪悦子。公募により選ばれた。

高山家家紋の七曜星は「七つの秘跡」及び右近を導いた聖霊の七つのたまもの（上智、聡明、賢慮、勇気、知識、孝愛、主への畏敬）と重なる。七曜星の後ろの十字架は、徹底的に人間に仕えるキリストのしるしであり、それに倣い、神と人に仕えた右近の人生の象徴である。背後に輝く三つの輪は、三位一体の神と人々とのかかわりの中で揺るぎない信仰に導かれ、深められていった右近の生涯を示す。内側の水色と濃い青は右近の聖性の深まりを、外側の朱色は、いのちをささげるまでキリストに従う右近の燃える愛を表している。

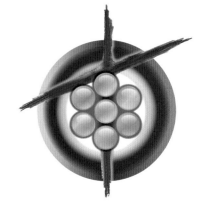

公式賛歌「主こそわが光─祈る右近─」について

作者はイエスのカリタス修道女会のシスター前田智晶。シスター前田には、曲を作るにあたっての思いを寄稿していただいた（楽譜は69ページに掲載）。

───

列聖列福特別委員会（現・列聖推進委員会）委員長溝部司教様から2010年に、右近の公式賛歌を作らないかとご相談を受けました。私は同委員でもあり、ご依頼を気軽に受けてしまいました。右近関連の資料に目を通し、委員会の仕事で右近ゆかりの金沢やマニラを訪問させていただきました。でも肝心の曲が、なかなか生まれません。や

っと幾つか歌詞や曲想が浮かんではきたものの、何か腑に落ちない。思えば、まだ右近と出会っていなかったのでしょう。

そんなある時、「主こそ、わが光」というミカ書の聖句に出会いました。これだと思った途端、霊感が湧いてきました。右近は、イエズス会士の元で霊操をしています。受洗後、さまざまな試練を耐えた右近は、何より「主の光」によって進むべき道を選びとっていったようです。たとえ闇が行く手を覆い道が見えなくても、知らない国に追われ身を渡されようと、主の光だけを頼りに生きぬいた右近。「主こそ、わが光」と祈り、この曲をいただいた思いです。この曲をくださった神に感謝しながら、日本の教会を導かれる右近の取次を願ってやみません。

前後の関連行事等

教皇代理アマート枢機卿来日　　　　　　　　　　　　　（2月5日・夕）

　教皇庁列聖省長官である教皇代理ア
マート枢機卿は、同省事務局長リゾッ
ティ師とともに、2月5日（日）17
時に関西空港に到着した。
　空港にて出迎えたのは、駐日教皇大
使チェノットゥ大司教、前田万葉大司
教、大塚喜直司教、列聖申請者ヴィッ
トヴェル師、平林冬樹師、神田裕師、
ロロピアナ師、Sr. 前田智晶、在バチ
カン日本国特命全権大使中村芳夫氏。

高山右近ゆかりの地、高槻訪問

幼稚園の子どもたちがバチカンとフィリピンの旗を
振って、アマート、タグレ両枢機卿一行を出迎えた

高槻教会主任司祭、清川泰司師
による導入解説

右近研究会の岡本稔さんによる資料解説

プレゼントされた折り紙のマリア様を手に

しろあと歴史館にて、濱田剛史高槻市長(中央)の出迎えを受ける

汚れなきマリアのクラレチアン宣教修道女会のフィリピンやインドネシア人のシスターに囲まれるタグレ枢機卿

高槻城址に立つ右近像の前にて

列福式前夜の祈り

司式：前田万葉大司教

「祈りの花束」を奉納した川邨裕明師

教皇代理歓迎レセプション

（2月6日19時より、於・KKRホテル大阪・白鳥の間）

（一列目、左より）李基憲司教、朴正一司教、金喜中大司教、髙見三明大司教、
　チェノットゥ大司教、アマート枢機卿、タグレ枢機卿、前田万葉大司教、
　岡田武夫大司教、オロリッシュ大司教、野村純一司教
（二列目）大塚喜直司教、愈興植司教、松浦悟郎司教、郡山健次郎司教、
　平賀徹夫司教、菊地功司教、勝谷太治司教、諏訪榮治郎司教、浜口末男司教、
　梅村昌弘司教
（三、四列目）張信浩司教、幸田和生司教、押川壽夫司教、リゾッティ師、
　池長潤大司教、ヴィットヴェル師、宮原良治司教、シュミットホイスラー司教、
　白浜満司教、鈴木國弘師、オビエジンスキー師

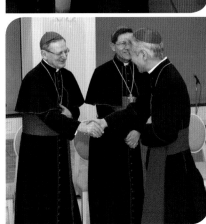

列福感謝レセプション （2 月 7 日 17 時より、於・KKR ホテル大阪・銀河の間）

在バチカン日本国特命
全権大使　中村芳夫氏

イメージソング作者
坪山健一さん

日本管
植松

公式賛歌作者　Sr. 前田智晶

列福感謝ミサ

（2月8日10時より、於・大阪カテドラル聖マリア大聖堂）

主司式：髙見三明大司教

大阪教区が作成した
マスコット「う～こ
んどの」とアマート
枢機卿。

高山右近ゆかりの地、金沢訪問

　8日（水）の晩には、金沢ニューグランドホテルにて、関係者を招き、列福祝賀レセプションが開かれた。
　翌9日（木）には、キリシタン研究家木越邦子氏の案内によりアマート枢機卿一行は高山右近関連の地を訪問、その後10時半より金沢教会にて、列福感謝ミサが松浦悟郎名古屋司教の主司式により行われた。
　（本ページの写真は北國新聞社提供。上：北國新聞2017年2月9日朝刊、中：同日夕刊、下：同2月10日朝刊より）

列福感謝ミサ

（2月10日18時より、於・カトリック麹町 聖イグナチオ教会）

主司式：アンジェロ・アマート枢機卿

I　列福式ミサ

列福式ミサは、2017年2月7日（火）正午より15時まで、大阪市の大阪城ホールにて挙行された。気象庁発表による当日の大阪府大阪の天候は曇り、気温は6.0℃。午前中は晴れ間も見えた、比較的穏やかな気候であった。

全国から集まりアリーナとスタンドの席を埋めた一般参加者は約1万人。開場1時間前には、正面ゲート前に長い列ができ上がった。

1　司式者・奉仕者

主司式　アンジェロ・アマート枢機卿
　　　　　教皇代理、教皇庁列聖省長官

共同主司式

　ルイス・アントニオ・タグレ枢機卿　マニラ大司教

　ジョセフ・チェノットゥ大司教　駐日教皇大使

　ヨセフ髙見三明　長崎大司教
　　　　　日本カトリック司教協議会会長

　トマス・アクィナス前田万葉　大阪大司教
　　　　　日本カトリック司教協議会副会長

　ペトロ岡田武夫　東京大司教
　　　　　ユスト高山右近列聖請願者

共同司式（登壇者のみ）

　ブイ・ヴァン・ドック　ベトナム・ホーチミン大司教

　ジャン・クロード・オロリッシュ　ルクセンブルク大司教

　金　喜中（キム　ヘジョン）　韓国・光州大司教、韓国司教協議会会長

　姜　禹一（カン　ウイル）　韓国・済州司教

　李　基憲（イ　キホン）　韓国・議政府司教

　兪　興植（ユ　フンシク）　韓国・大田司教

　張　信浩（チャン　シンホ）　韓国・大邱補佐司教

　朴　正一（パク　ジョンイル）　韓国・元馬山司教

　オリビエ・M・M・シュミットホイスラー
　　　　　カンボジア・プノンペン使徒座代理区司教

　ベラルド押川壽夫　那覇司教

　パウロ大塚喜直　京都司教

　ラファエル梅村昌弘　横浜司教

　ミカエル松浦悟郎　名古屋司教

　ドミニコ宮原良治　福岡司教

　タルチシオ菊地功　新潟司教

　パウロ郡山健次郎　鹿児島司教

　マルチノ平賀徹夫　仙台司教

　使徒ヨハネ諏訪榮治郎　高松司教

　パウロ浜口末男　大分司教

　ベルナルド勝谷太治　札幌司教

　アレキシオ白浜満　広島司教

　ヤコブ幸田和生　東京補佐司教

　レオ池長潤　前大阪大司教

　アウグスチノ野村純一　前名古屋司教

　ジャンパオロ・リゾッティ
　　　　　教皇庁列聖省事務局長

　パヴェル・オビエジンスキー
　　　　　駐日教皇庁大使館参事官

　鈴木國弘　さいたま教区管理者総代理

　梶山義夫　イエズス会日本管区長

列聖申請者　アントン・ヴィットヴェル（イエズス会司祭）

列聖申請補佐　平林冬樹（イエズス会司祭）

通訳　アキレ・ロロピアナ（サレジオ修道会司祭）

式長　パウロ・セコ（スペイン外国宣教会司祭）

式長補佐

　内陣　春名昌哉（大阪教区司祭）、宮越俊光（日本カトリック典礼委員会秘書）

　アリーナ席　野田正弘（大阪教区司祭）

　スタンド席　大久保武（大阪教区司祭）

先唱　酒井俊弘（オプス・デイ司祭）

助祭

　内陣　大塚乾隆（京都教区）、豊田貴範（大阪教区）、ゴー・ヴァン・タァン（高松教区）、ホアン・ドゥク・ロイ（広島教区）

　アリーナ席　メヒア・タデオ・ラファエル（グアダルペ宣教会）、グエン・シン・サック（大阪教区）、下原和希（長崎教区）、金 貞根（福岡教区）
キムジョングン

　スタンド席　高瀬典之（さいたま教区）、泉雄生（東京教区）、野口邦大（東京教区）

第一朗読　安見悦子（大阪教区・高槻教会）

答唱詩編独唱　仲川久代（京都教区・大和八木教会）

第二朗読　メアリー・ジーン・セイトー
　　　　　　　　　　　（大阪教区・大阪梅田教会）

福音朗読　大塚乾隆（京都教区助祭）

奉納　井上乃愛（ノートルダム女学院高等学校1年）、定本武之（洛星高等学校1年）、村上ハルノ（大阪聖ヨゼフ宣教修道女会）

共同祈願　崔鶴樹（大阪教区・生野教会）、安田和子
チェハクス
　（名古屋教区・金沢教会）、濱野尚作（高松教区・小豆島教会）、グロリア・クニエダ（大阪教区・玉造教会）、グエン・ティ・バッチ・ラン（大阪教区・たかとり教会）

侍者（すべて神学生）

　内陣　エリック・デ・グスマン（大阪教区）、上田憲（大阪教区）、金ボム（長崎教区）、李韓雄（福岡
イ ハヌン
　教区）、簑島克哉（札幌教区）、ホセ・フランシスコ（グアダルペ宣教会）、オズワルド・ビヤセニオル（グアダルペ宣教会）、小田武直（東京教区）、諏訪勝郎（鹿児島教区）、青田憲司（長崎教区）、石渡洋行（横浜教区）、船津亮太（福岡教区）

　アリーナ席　マシアス・ラミレス・ホルヘ・マヌエル（さいたま教区）、宮原大地（長崎教区）、祖父江優太（横浜教区）、稲田祐馬（長崎教区）

　スタンド席　髙山徹（高松教区）、佐久間力（札幌教区）、古市匡史（福岡教区）、上杉優太（横浜教区）、西村英樹（横浜教区）、西田祐尚（長崎教区）、田代竜之（鹿児島教区）、岡秀太（新潟教区）、水上健次（横浜教区）

オルガン奏者　桑山彩子（京都教区・河原町教会）

聖歌隊

　指揮者　遠藤政樹（洛星中学・高等学校教諭）

　中高生聖歌隊（292名）と一般公募によるメンバー（653名）。中高生聖歌隊には以下の学校が参加。

　大阪信愛女学院中学校・高等学校、大阪星光学院中学校・高等学校、賢明学院中学高等学校、賢明女子学院中学校・高等学校、城星学園中学校・高等学校、聖母被昇天学院中学校・高等学校、仁川学院中学・高等学校、明星中学校・高等学校、百合学院中学校・高等学校、和歌山信愛中学校高等学校、日星高等学校、ノートルダム女学院中学高等学校

オーケストラ

　指揮者　西尾望（洛星中学校・高等学校教諭）

　ノートルダム女学院中学高等学校と洛星中学校・高等学校の生徒により編成（79名）。

インターネット実況放送　レンゾ・デ・ルカ（イエズス会司祭）、前田智晶（イエスのカリタス修道女会）

手話通訳　大阪教区聴覚障がい者ボランティア会
　（磯部和子、岡本ハルエ、原口光子、鈴木章子、前川美智子、宮本雅美）

教皇代理アンジェロ・アマート枢機卿

（Angelo Cardinal Amato, S.D.B.）

略歴

1938年 6月 8日	イタリア、モルフェッタに生まれる。
1967年12月22日	司祭叙階（サレジオ修道会）。
2002年12月19日	教皇庁教理省次官に任命（シーラの名義大司教）。
2003年 1月 6日	司教叙階。
2008年 7月 9日	教皇庁列聖省長官に任命。
2010年11月20日	枢機卿に親任。

2 式 典

列福の請願

岡田武夫大司教が教皇代理に向かい、以下のとおり英語で誓願した（右は日本語訳。以下同じ）。

Representative of His Holiness Pope Francis, His Eminence Most Reverend Angelo Cardinal Amato, as the Ordinary of Tokyo I have humbly petitioned the Holy Father Francis to inscribe among the Blessed the Venerable Servant of God Justo Takayama Ukon, died for his faith in Manila of Philippines in 1615.

教皇フランシスコの代理である列聖省長官アンジェロ・アマート枢機卿様、東京大司教であるわたしペトロ岡田武夫は、フランシスコ教皇聖下に対し、1615年にフィリピンのマニラで殉教した神のしもべ、尊者ユスト高山右近を、福者の列に加えてくださるよう、ここに謹んでお願い申し上げます。

ユスト高山右近の略歴紹介

アントン・ヴィットヴェル師により英語で右近の略歴が紹介され、その後平林冬樹師により日本語訳が朗読された。

Justo Takayama Ukon was probably born in 1552 at the district of Takayama, Toyono-cho in Osaka, only three years after the Jesuit missionary Francis Xavier introduced Christianity to Japan.

His was a noble family, one of the daimyo. They were feudal lords who, in medieval and early modern Japan, ranked only below the shogun. The Takayama owned vast estates, and were allowed to bear arms. The Takayama welcomed the Christian missionaries, supported their activities, and acted as their protectors. The Servant of God became a Christian at the age of twelve, and at baptism was given the name of Justo. Subsequently, in his fiefdom, he favoured those of his subjects who became Christians, the most prominent of whom was St. Paul Miki.

In 1587 the kampaku, Toyotomi Hideyoshi, began to persecute Christians. He expelled the missionaries, and urged Japanese Christians to renounce their faith. Many did abjure. But Takayama, and Dario his father, chose to renounce honour and property, and suffered deportation to Kanazawa, so that they could remain faithful to the gospel of Christ.

During this time, the Servant of God survived because his aristocratic friends were able to protect him, and he continued his work of evangelization. In 1597, the

ユスト高山右近は、おそらく1552年、現在の大阪府豊能郡豊能町に生まれました。それはイエズス会の宣教師フランシスコ・ザビエルがキリストの福音を日本に伝えた3年後のことです。

右近の家族は大名家であり、中世日本の統治機構では、将軍に次ぐ階層にありました。潤沢な財産をもち、武装によって権威を保っていました。高山家は、キリスト教の宣教師の存在を快く受け入れ、保護するなど、その活動を助けました。12歳のとき、神のしもべはユストという霊名で受洗し、キリスト信者になりました。その後も右近は、自分の領地において、家臣の者たちに信仰を勧めました。その中で、聖パウロ三木の姿が、ひときわ輝いています。

しかし1587年、時の関白豊臣秀吉は宣教師を追放し、日本人信者に信仰を捨てるようにと勧めるなど、キリスト教に対する迫害を始めました。多くの者が信仰を公然と捨てました。このような状況の中で、右近と父ダリオは、キリストの福音にとどまるために、栄誉と財産を失い、追放されて金沢へ赴くことをも厭（いと）わなかったのです。

続く年月、神のしもべは、武家や有力者の友人らの庇護を受けながら、福音宣教のわざを続けていました。しかし1597年になると、状況は悪化します。日本人、

persecution became very severe. Twenty-six Catholics, both foreign and Japanese, were crucified. But even in the light of this tragic event, and the increasingly real risk of losing their lives, the Takayama refused to abandon their faith.

In 1614, the Edo government outlawed Christianity totally. The Servant of God was deported first to Nagasaki, whence he went into exile. He led a group of three hundred Catholics to the Philippines. They arrived in December, and settled in Manila. Here he was welcomed warmly by the Spanish Jesuits, whose leader suggested that prominent Catholics might band together to overthrow the shogun. The Servant of God, however, opposed this plan.

As the persecution and exile unfolded, Takayama experienced humiliation and ill-treatment. But he never betrayed his beliefs, remaining steadfast in his commitment to Christ. His chosen way was to follow the Martyr of Golgotha, the way of poverty and humiliation. The exile drained his strength, and he died only two months later, on February 3, 1615. His death was the direct result of the starvation, deprivation, hostility and violence that the explicitly anti-Christian persecution had unleashed in Japan.

The Servant of God was well prepared for ultimate martyrdom. He was a person of intense spirituality, humble and faithful, zealous, and full of charity. He was buried in the Philippines capital, where today a majestic statue still honours him. In fact, Filipinos consider him a type of second evangelizer, the innocent foreigner, who, as a result of unjust persecution, came from afar to confirm his brothers. His life is an example of great fidelity to the Christian vocation, in which he persevered despite the many difficulties he faced.

外国人を含む 26 人のカトリック信者が磔刑になりました。このような悲劇的な事件に直面し、生命の危険がいっそう現実味を帯びてきましたが、右近は、信仰を捨てることを否みました。

1614 年、江戸幕府は、キリスト教を完全に禁止しました。右近は、まず長崎に追放され、ついで流刑になりました。300 人以上の信者たちがフィリピンに送られました。一行は、同年 12 月にマニラに到着。そこにとどまりました。当地では、スペイン出身のイエズス会員から大歓迎を受けました。国の指導者は、気概あるカトリック信者を糾合して将軍を倒す計画を持ちかけましたが、神のしもべは、言下にこれを退けました。

これらすべての出来事の中で、右近は、侮辱、虐待、流刑に直面します。しかし右近は、貧しさと疎外への道であるゴルゴダの殉教に似た道を選び、決して自らの信仰を裏切ることも、キリストへの信頼を失うこともありませんでした。右近は、2 か月後の 1615 年 2 月 3 日、ついに力尽き、神は右近をみもとに召されました。その死は、困難と欠乏、敵意と暴力の結果であり、それらは、祖国において迫害者が公然と加えたものです。

神のしもべは、殉教の道程に就く準備ができていなかったわけではありません。深い霊性、謙遜と信頼、愛に満ちた熱意の人でした。右近はフィリピンの都に葬られました。その地には、威厳に満ちた右近の銅像が立っています。事実、フィリピン人にとって、右近は、第二の福音宣教者でありました。不正にも迫害され、兄弟姉妹たちを強めるために遠くからやってきた無垢の外国人です。その生涯は、キリスト者への召命の揺るぎない信仰の模範であります。

使徒書簡

教皇代理によって、まずラテン語で次のように述べられた。

Summi Pontíficis Francísci iussu, Epístulas Apostólicas légimus, per quas ipse Summus Póntifex Francíscus Servum Dei Iustum Takayama Ukon Laicum número Beatórum adscríbere benígne dignátus est.

フランシスコ教皇聖下の命により、フィリピンのマニラで 1615 年に殉教を遂げた神のしもべ、尊者ユスト高山右近を福者の列に加える教皇書簡を奉読いたします。

そして、ラテン語の教皇の使徒書簡が読み上げられ、続いて平林冬樹師により、その日本語訳が朗読された。

LITTERAE APOSTOLICAE

Nos,
vota Fratris Nostri
Petri Takeo Okada,
Archiepiscopi Metropolitae Tokiensis,
necnon plurimorum aliorum Fratrum in Episcopatu
multorumque christifidelium explentes,
de Congregationis de Causis Sanctorum consulto,
auctoritate Nostra Apostolica
facultatem facimus ut
Venerabilis Servus Dei
IUSTUS TAKAYAMA UKON,
laicus, paterfamilias, martyr,
qui, Evangelio laetanter accepto, omnem humanum honorem recusans,
armaturam Domini induit eiusque Regni heroicus testis factus est,
Beati nomine in posterum appelletur,
eiusque festum
die tertia mensis Februarii,
qua in caelum ortus est,
in locis et modis iure statutis
quotannis celebrari possit.
In nomine Patris et Filii et Spiritus Sancti.
Amen.

Datum Romae, apud Sanctum Petrum,
die primo mensis Februarii,
anno Domini bismillesimo septimo decimo,
Pontificatus Nostri quarto.

Franciscus

使 徒 書 簡

私
わたくし
は、

兄弟である

東京管区大司教

ペトロ岡田武夫大司教

ならびに司教職にある

他の多くの兄弟たち、

さらに、数多くのキリスト信者たちの要請にこたえ、

列聖省の助言に基づく審議の結果、

私の使徒的権能により、

尊者である神のしもべ

殉教者ユスト高山右近が、

これより、福者と呼ばれるよう定めます。

右近は、喜びに満たされて福音を受け入れ、

主の衣服を身にまとい、

そのみ国を雄々しく証
あか
ししました。

その記念は、法令に定める場所と形式に従い、

右近が、主のもとに召された2月3日に

毎年、祝うことといたします。

父と子と聖霊のみ名によって。アーメン。

ローマ、聖ペトロのかたわらにて、

2017年2月1日

私の教皇登位第4年目

教皇フランシスコ

謝　辞

岡田武夫大司教により、教皇代理に向かって謝辞が、以下のとおり日本語で述べられた。

日本の司教団、信徒、修道者、司祭と心を合わせ、
使徒聖ペトロの後継者、教皇フランシスコに対し感謝
の意を表すとともに、このたび福者の列に加えられた
神のしもべユスト高山右近に賛辞を送ります。

教皇代理からは、岡田大司教、ヴィットヴェル師、タグレ枢機卿の３名に、
教皇書簡の写しが手渡された。

アマート枢機卿説教
（イタリア語）

1. La comunità cattolica giapponese è in festa per la beatificazione di Justus Takayama Ukon, il suo nobile figlio, martire di Cristo. In lui si avvera la parola di Gesù che dice: «Se il chicco di grano caduto in terra non muore, rimane solo; se invece muore, produce molto frutto» (*Gv* 12, 24). E ancora: «Se hanno perseguitato me, perseguiteranno anche voi» (*Gv* 15, 20).

Come Gesù, il buon pastore innocente, fu imprigionato e condannato a morte, così i suoi discepoli spesso nella storia sono stati perseguitati e uccisi. Dalle prime persecuzioni dell'impero romano a quelle più recenti e ancora in atto in tutti i continenti, l'odio e la crudeltà hanno sempre inquinato il terreno buono della carità, della bontà e della fraternità.

Provvidenzialmente il bene prevale sul male e i martiri diventano i testimoni credibili della civiltà cristiana dell'amore. Inermi, essi affrontano gli aguzzini amandoli e pregando per loro: «Amate i vostri nemici e pregate per i vostri persecutori» (*Mt* 5, 44). Non solo il perdono, ma anche l'amore e la preghiera costituiscono la paradossale ricompensa dei martiri per i loro avversari. Alla ferocia essi rispondono con la gentilezza della carità, dimostrando non debolezza, ma sovrumana fortezza. In tal modo bonificano l'umanità, prosciugandola dal sangue innocente dei giusti e immettendovi il seme fecondo della vita.

La Chiesa in Giappone è stata benedetta con la

1　日本のカトリック共同体は、キリストの気高い子、そのあかし人であるユスト高山右近の列福の祭典を祝っています。「一粒の麦は、地に落ちて死ななければ、一粒のままである。だが、死ねば、多くの実を結ぶ」というヨハネ福音書12章に記されたイエスのことばが、右近の中で実現しています。加えて、「人々がわたしを迫害したのであれば、あなたがたをも迫害するだろう」というヨハネ福音書15章のことばも、また同様に実現しています。

罪のないよき牧者であり、投獄され、死の判決を受けたイエスのように、その弟子たちも、歴史の中でたびたび迫害され、殺されたのです。ローマ皇帝による最初の迫害から始まり、最近の迫害に至るまで、憎しみと残酷さは、愛と善と兄弟姉妹のきずなで結ばれた善意の世界をつねにおとしめています。

いつくしみが悪に勝ることは、神の思し召しであり、殉教者は、愛に満ちたキリストの国が信じるに足ることをあかししています。殉教者たちは、迫害する人々に愛をもって向き合い、そのために祈ることさえしたのです。「敵を愛し、自分を迫害する者のために祈りなさい」というマタイ福音書5章44節のことばどおりです。単にゆるしだけではなく、愛と祈りが、敵対する人々に対する殉教者たちの逆説的なこたえになりました。残忍さに対する殉教者のこたえは、愛にあふれる親切さです。それは弱々しさではなく、想像を超える強さの現れです。このような方法で、殉教者たちは、罪の汚れのない血に

splendida testimonianza di numerosi martiri, come, ad esempio, San Paolo Miki e compagni, San Tomaso Nishi e compagni, il beato Pietro Kibe e compagni. Nei martiri giapponesi sono rappresentate tutte le categorie di persone, giovani e anziani, samurai e gente comune, uomini e donne. Il Beato Justus è uno splendido testimone di Cristo, così come furono i primi gloriosi martiri della Chiesa.

2. Ci poniamo ora tre domande: chi era Justus Takayama Ukon? Come viveva la sua identità cristiana? Qual è la sua parola per noi oggi?

Justus Takayama Ukon era un principe di altissimo rango, appartenente alla classe più nobile del Giappone. Per il contributo positivo dato in battaglia, Hideyoshi gli ingrandisce il feudo. Con l'intento di dif-fondere il cristianesimo, Justus fonda ad Azuchi, a Takatsuki e a Osaka seminari per la formazione di missionari e catechisti giapponesi. Nel suo territorio i cristiani aumentano moltissimo tanto che nel 1583 se ne contano 25,000 su 30,000 abitanti, praticamente la maggioranza della popolazione. Justus fonda anche la chiesa di Osaka. Quando si trasferisce nel feudo di Akashi amplia la sua attività evangeliz-zatrice: dal 1585 al 1587, furono battezzate un migliaio di persone.

Purtroppo nel febbraio del 1614 fu emanato l'editto che ingiungeva a Justus e ai cristiani di Kanazawa di abbandonare il cristianesimo. Il rifiuto costò a Justus un sofferto periodo di privazioni e di soli-tudine. Prima deportato a Nagasaki, fu poi condannato all'esilio nelle Filippine. L'8 novembre 1614, insieme con 300 cristiani giapponesi, si imbarcò nel porto di Naga-saki e dopo una lunga e travagliata navigazione durata 43 giorni raggiunse Manila. Indebolito dalle malattie contratte durante la deportazione e l'esilio, Justus si spense a Manila il 3 febbraio 1615, dopo 44 giorni dal suo arrivo.

Il dolore per la morte di Justus fu enor-me nelle Filippine. Il popolo era edificato dalle virtù e dalla santità di questo nobile cristiano giapponese. A lui applicò alcuni versetti dei salmi: «Justus ut palma flor-ebit» (Sal 92, 13: Il

よって清め、また豊かないのちの種を蒔くことによって、人間性をよいものに高めます。

日本の教会は、数知れない殉教者の素晴らしいあかしによって祝福されています。それはたとえば、聖パウロ三木と同志たち、聖トマス西と同志たち、福者ペトロ岐部とその同志たちです。日本の殉教者たちには、老若男女、武士と一般の人々など、あらゆる階層の人々がいます。福者ユストは、教会における栄光に満ちた最初の殉教者たちがそうであったように、キリストの卓越したあかし人です。

2 ここで次の三つについて問うてみましょう。ユスト高山右近とは、だれであったか。そのキリスト者としての神髄はどのように息づいていたか。右近のことばは、現代のわたしたちにどのような意味があるのか。

ユスト高山右近は、きわめて高い地位の人であり、日本の貴族階級に属していました。合戦で大きな手柄を立てた右近を、秀吉は大大名に取り立てました。右近は、キリストの教えを広めることを望み、日本人の宣教師やカテキスタを育てるため、安土、高槻、大阪にセミナリオを建てました。領内のキリスト者は、きわめて多くなり、1583 年には、3 万人の領民のうち 2 万 5 千人に達し、人口の大半を占めるほどだったといわれます。ユストは、大阪の教会も創設しました。また領地が明石に変わったとき、福音宣教活動を広げました。1585 年から 1587 年までに、千人以上が洗礼を受けたのです。

残念ながら、1614 年 2 月、一つの法令が発布されました。それはユストと金沢のキリスト信者に対し、信仰を捨てるよう命じるものでした。これを拒んだ右近は、貧しさと孤独に耐える苦しみの時期を迎えることになりました。まず長崎に送られ、フィリピンへの追放を命じられました。1614 年 11 月 8 日、300 人の日本人信者らとともに長崎の港で乗船し、43 日間の長くつらい航海の後、マニラに到着しました。追放と流配によって得た病のために衰弱しきった右近を、1615 年 2 月 3 日、主は、みもとにお召しになりました。マニラに着いてから 44 日後のことです。

フィリピンでは、右近の死を悼む悲しみは、大きなものでした。人々は、日本の気高いキリスト者の徳と聖性によって感化を受けました。次の詩編のことばは、ユス

giusto fiorirà come palma); «In memoria aeterna erit justus» (*Sal* 112, 6: Il giusto sarà sempre ricordato).

3. Alla seconda domanda, su come viveva la testimonianza cristiana, le fonti riferiscono che Justus era affascinato dal messaggio di Gesù Cristo, dalla sua parola di carità e dal suo sacrificio redentore. Fu questa convinzione a trasformarlo in un infaticabile promotore della evangelizzazione del Giappone. Educato all'onore e alla lealtà, fu un autentico guerriero di Cristo, non con le armi di cui era esperto, ma con la parola e l'esempio. La fedeltà al Signore Gesù era così fortemente radicata nel suo cuore, da confortarlo nella persecuzione, nell'esilio, nell'abbandono. La perdita della posizione di privilegio e la riduzione a una vita povera e di nas-condimento non lo rat-tristarono, ma lo resero sereno e sempre fedele alle pro-messe del battesimo.

Anch'egli, come tanti cristiani per-seguitati, prevedeva una morte tragica. Durante la navigazione verso le Filippine e dopo l'arrivo a Manila capì che il Signore aveva preparato per lui non un martirio cruento, ma una morte lenta, prolungata dalla mille sofferenze dell'esilio. È il cosiddetto martyrium ex aerumnis exilii, un martirio speciale perché testimonia non solo l'offerta della vita, ma anche la partecipazione ai patimenti del Signore inchiodato sulla croce.

Justus era consapevole che la per-secuzione dei cristiani non aveva nessuna giustificazione plausibile, proprio come aveva detto Gesù: «Mi hanno odiato senza ragione» (*Gv* 15, 25). Formato, però, alla spiritualità degli Esercizi di Sant'Ignazio di Loyola, visse l'ann-ientamento dei propri desideri e il completo abbandono alla Prov-videnza divina.

Justus non considerò mai il Vangelo come una realtà estranea alla cultura giapponese.

D'accordo con l'approccio dei missionari gesuiti, che rifuggivano dalla polemica apologetica, egli puntava esclusi-vamente sull'annuncio della parola di Gesù, che donava la vita per la liberazione dal male e dalla morte. Gli ultimi mesi della sua esistenza furono un continuo corso di

トに帰すことができます。'Justus ut palma florebit'（神に従う人はなつめやしのように茂り：詩編92・13）、'In memoria aeterna erit justus'（主に従う人は……とこしえに記憶される：詩編112・6）。

3 第2の問い、キリスト者としてのあかしが、どのように息づいていたかを考えてみましょう。源泉資料は、ユストがイエス・キリストの使信、その愛のことば、あがないのわざに魅了されていたことを示しています。右近は、その確信により、日本の福音宣教に対する不屈の推進者になりました。誉れ高く誠実な人として成長したユストは、真のキリストの武人でありました。そのわざにたけた剣ではなく、ことばとわざによる武人です。主イエスへの信頼は、このように、その心に、しっかりと根を下ろしたのです。迫害されても、流されても、捨てられても強くなりました。ユストは、その特権的な地位を失い、生活の貧しさが増し、打ち捨てられ、隠れた境遇になっても、気落ちするところか、平静を保ち、洗礼のときの約束に、つねに忠実でした。

またユストは、迫害を受けた多くのキリスト者と同じように、悲劇的な死を予感しました。フィリピンへの航海の間、そしてマニラに着いた後、ユストは理解したのです。主が自分に望んでおられるのは、血を流す殉教ではない。ゆっくりと訪れる死、すなわち流刑による幾多の苦しみによって引き延ばされた死です。これは、いわゆる「追放の苦しみによる殉教」（martyrium ex aerumnis exilii,）なのです。殉教は、いのちを差し出すことだけではありません。十字架に釘づけにされた主の苦しみにあずかることでもあります。

キリスト信者への迫害は、決して正当化できるものではないことをユストは、よく理解していました。それは、イエスがヨハネ福音書15章22節で「人々は理由もなく、わたしを憎んだ」と仰せられているとおりです。しかしロヨラの聖イグナツィオの「霊操」によって育てられたユストは、神の計らいのために、自分自身の望みから離れ去り、それを完全に捨てる生き方をしました。

ユストは福音を、日本文化とは無関係の外的なことがらのように理解していたわけでは決してありません。イエズス会の宣教師の理解に同意していました。すなわち護教的な論争を避けたのです。ユストは、悪と死からの

esercizi spirituali, ac-compagnato dalla preghiera, dai sacra-menti, dal raccoglimento e dalle con-versazioni spirituali con i missionari.

Con questi sentimenti accolse la morte con la serenità dei giusti. Moriva offrendo la vita per la conversione del Giappone, pregando e perdonando per i suoi per-secutori. Spirò invocando il nome di Gesù e consegnando, come il protomartire Ste-fano, il suo spirito al Signore. Aveva 63 anni, la maggior parte dei quali passati come straordinario testimone della fede cristiana in tempi difficili di contrasti e di persecuzione.

4. Cosa lascia il nostro Beato alla Chiesa e a tutti i cristiani? Egli lascia il tesoro di una fede immensa. La sua fede era maturata a tal punto da diventare l'anima della sua esistenza. Justus viveva di fede. E la viveva da giapponese, valorizzando le tradizioni edificanti della sua cultura, inclusa la cerimonia del tè, che per lui diventò una opportunità di comunione e di fraternità.

Il suo comportamento era autentica-mente evangelico. Era misericordioso con i sudditi, aiutava i poveri, dava il sostenta-mento ai samurai bisognosi. Fondò la confraternita della misericordia. Visitava gli ammalati, era generoso nell'elemosina, portava, assieme al padre Dario, la bara dei defunti, che non avevano famiglia e prov-vedeva a seppellirtli. Tutto ciò provocava stupore e desiderio di imitazione.

Di fronte alla persecuzione Justus fu illuminato dalla parola di Gesù: «Se hanno perseguitato me, perseguiteranno anche voi» (Gv 15, 20). Era, infatti, convinto che il Signore non era assente, ma presente nel destino tragico dei suoi fedeli. Nel supplizio dei cristiani innocenti, Justus vedeva rinnovata la passione e morte di Gesù, ma anche la sua risurrezione. Era consapevole che i martiri non si perdevano nel nulla, ma approdavano alle sponde della Gerusalemme celeste, all'incontro con Dio in una felicità senza fine.

Il nostro Beato ha vissuto in pieno le parole dell'apostolo Paolo, anch'egli martire della fede: «Chi ci separerà dall'amore di Cristo? Forse la tribolazione,

解放のためにいのちを差し出したイエスのことばを告げることだけに集中したのです。生涯最後の数か月、霊操の流れに身を任せました。それは、祈り、秘跡、瞑想、そして宣教師との霊的会話によって支えられていました。

それらのおかげで、ユストは、義に満ちた平静さをもって死を受け入れたのです。自分を迫害する人々のために祈り、彼らをゆるし、日本の回心を念じていのちをささげて死にました。最初の殉教者ステファノのように、ユストは、イエスの名を呼び、自分の霊を主にゆだねました。享年63。過ごした年月の大半は、不和と迫害が続く困難な時代にあって、キリストへの信仰を卓越した方法であかししたのです。

4 わたしたちの福者が、教会とすべての信者に何を残したのでしょうか。それは、偉大な信仰の宝です。ユストの信仰は、その存在の核心をなすほど成熟していました。ユストは信仰によって生かされていました。その生涯は、日本人としての生であり、茶の湯を含む日本文化を形成する伝統を大切にしました。茶の湯は、ユストによって人々の交わりと兄弟姉妹のかかわりの場になりました。

ユストの行動は、まさしく福音的でした。家来たちとともにあわれみを示し、貧しい人々を助け、困り果てた侍たちには援助を惜しみませんでした。ミゼリコルディアの組を作り、病人を見舞い、寛大に施しをしました。父ダリオとともに、家族のない死者の柩（ひつぎ）を担ぎ、墓に葬りました。それらすべては、人々を驚かせ、それに倣いたいとの望みを呼び起こしたのです。

迫害に直面したユストは、「人々がわたしを迫害したのであれば、あなたがたをも迫害するだろう」というヨハネ福音書15章20節に記されたイエスのことばによって照らされました。イエスはご自分を信じる人々が担う悲劇の運命の中に不在なのでありません。主は、まさに、その中にこそ、存在していてくださることを、ユストは確信していました。ユストは、罪のないキリスト者の嘆きの中に、イエスの受難と死、その復活がもつ新しい意味を見ていたのです。殉教者は、何も失わず、かえって天上のエルサレムに着き、終わりない至福の中で神と出会うことができると知っていました。

わたしたちの福者は、自らもまた信仰をあかしして殉教した使徒パウロのことばに満たされて生きた人です。

l'angoscia, la persecuzione, la fame, la nudità, il pericolo, la spada? […] Io sono infatti persuaso che né morte né vita, né angeli né principati, né presente né av-venire, né potenze, né altezza né pro-fondità, né alcun'altra creatura potrà mai separarci dall'amore di Dio, in Cristo Gesù, nostro Signore» (Rm 8, 35. 38-39).

I martiri non sono eroi inutili, ma messaggeri validi di fratellanza e carità. La beatificazione di Justus Takayama Ukon è il seme evangelico che la Provvidenza sparge nella Chiesa in Giappone e nel mondo. Come dice San Leone Magno: «La Chiesa non è indebolita dalle persecuzioni, al contrario ne è rafforzata. La Chiesa è il campo del Signore che si riveste di una messe sempre ricca, perché i grani che cadono ad uno ad uno rinascono moltiplicati» (LEONE MAGNO, *Sermo* 82, 6 A-B: PL 54, 426.).

L'esempio del nostro Beato spinga tutti noi a una vita di fede e di fedeltà al Vangelo di Gesù Cristo.

Beato Justus Takayama Ukon, prega per noi.

「だれが、キリストの愛からわたしたちを引き離すことができましょう。艱難か。苦しみか。迫害か。飢えか。裸か。危険か。剣か。わたしは確信しています。死も、命も、天使も、支配するものも、現在のものも、未来のものも、力あるものも、高い所にいるものも、低い所にいるものも、他のどんな被造物も、わたしたちの主キリスト・イエスによって示された神の愛から、わたしたちを引き離すことはできないのです」（ローマ 8・35、38—39）。

殉教者は、実りのない英雄などではありません。友愛と慈愛を告げる確かな使者です。ユスト高山右近の列福は、神がその摂理によって日本と世界の教会の中に蒔く種なのです。大聖レオは、次のように記しています。「教会は、迫害によって弱くなるどころか、強められます。教会は、つねに豊かな実りに富む主の畑です。なぜなら、一粒ずつ地に落ちた小麦は、生まれ変わって豊かなものになるからです」。

わたしたちの福者の模範が、イエス・キリストの福音への信仰と信頼へと、わたしたちすべてを突き動かしますように。

福者ユスト高山右近、わたしたちのために祈ってください。

共同祈願

司式　Fratres, in hac pública et commúni oratióne quam nunc incípimus, non quisquis pro se, nec tantum pro necessáriis suis, sed omnes pro toto pópulo orémus Christum Dominum.
【日本語訳】皆さん、ここにささげる世界と共同体のための祈りによって、わたしたち自身の必要のためではなく、すべての人のために、主キリストに祈りましょう。

先唱（神への賛美・世界の人々の救いへの願い）　希望の源である主キリスト、厳しい迫害の時代に、いのちをかけて信仰を貫き通したユスト高山右近の生涯を支えてくださったあなたをたたえます。試練の中にあるときもあなたの愛から離れることなく、力強く信仰をあかししたユスト高山右近に倣い、わたしたちも誠実な信仰を保ち、いただいた信仰を世界のすべての人たちに伝える勇気をもつことができますように。（原文韓国語）

会衆　Kyrie, Kyrie, eleison.

先唱（追放前・平和への願い）　戦国時代を生きたユスト高山右近は、戦にたけた武将として、戦いの中で多くのいのちと向き合い、神に背くこともありました。そのような時、右近の心に悔い改めの心を呼び起こしたのが、神と自分と向き合う場としての茶道と祈りでした。大名という高い身分にありながら、まことに偉大なかたの存在を信じ、戦いのない平和な世を祈り求めた右近に倣い、わたしたちもつねに正しい判断を下し、まことの平和を目指して歩み続けることができますように。

会衆　Kyrie, Kyrie, eleison.

先唱（追放中・共同体の願い）　ユスト高山右近は、大名という身分や多くの財産よりも信仰を選び、小豆島、宇土、金沢、長崎など日本各地で生活を送りました。そして、行く先々でキリストを伝え、そこには新たな教会共同体が生まれました。祈りのうちに福音の種蒔きを続け、「長い忍耐がいる殉教」に至った右近に倣い、わたしたちも自分の置かれた場所で、それぞれの共同体を生かす道具となることができますように。

会衆　Kyrie, Kyrie, eleison.

先唱（マニラへの追放・信仰を強める願い）　マニラ追放が決まったときのユスト高山右近には、もはや信仰を妨げるものは何もなく、目の前に広がる大海を喜びのうちに眺めていました。マニラに着いた右近を迎えたのは、偉大な信仰者として彼をたたえる多くのフィリピンの人々でした。迫害の末の追放を、新たな信仰への旅立ちとして捉え、喜びのうちに船出した右近に倣い、現代に生きるわたしたちが、つねに純粋な信仰を保ち、神を賛美することができますように。（原文英語）

会衆　Kyrie, Kyrie, eleison.

先唱（列福感謝・為政者のための願い）　平和の源である主キリスト、日本のカトリック教会の長年の悲願であったユスト高山右近を福者の列に加えていただき、大きな喜びのうちに感謝いたします。身分の高い城主の身でありながら、領内の困っている人たちにつねに心を配り、人々への奉仕に生きた右近に倣い、全世界で政治や行政にかかわる人たちが、自国の利益だけでなく、世界の平和と個人の尊厳を大切にする国を目指しますように。（原文ベトナム語）

会衆　Kyrie, Kyrie, eleison.

司式　Deus, qui ineffábili providéntia beátum Iustum Takayama Ukon elígere dignátus es, adésto piis Ecclésiæ tuæ précibus, auctor ipse pietátis, et præsta, ut, quod fidéliter pétimus, efficáciter consequámur. Per Christum Dóminum nostrum.
【日本語訳】全能の神よ、あなたははかりしれない摂理によって、福者ユスト高山右近をお選びになりました。信仰の源であるあなたに、心を込めておささげす

る教会の祈りを聞き入れてください。わたしたちが心
から願うことが、豊かな実りをもたらしますように。
わたしたちの主イエス・キリストによって。

会衆　アーメン。

当日の聖書朗読箇所

第一朗読　イザヤの預言　41・4―6、8―10
第二朗読　使徒パウロのローマの教会への手紙

8・35―39

福音朗読　ヨハネによる福音　12・23―28

歌われた聖歌

入祭　「いつくしみ深く　御父のように」
　　　　　　　いつくしみの特別聖年公式賛歌
　作曲：ポール・インウッド
　作詞：エウジェニオ・コスタ
　訳詞：日本カトリック司教協議会

肖像画除幕　「主こそわが光―祈る右近―」
　作詞・作曲：Sr. 前田智晶
答唱詩編　「涙のうちに種まく人は」典礼聖歌 154
　作曲：高田三郎
アレルヤ唱　「聖人祝日アレルヤ唱（日本 26 聖人）」
　作曲：高田三郎　　　　　　　　　典礼聖歌 276
奉納　「Salamat Sa Iyo（Tanging Alay）」
拝領　「ひせきにこもりて」カトリック聖歌集 246
　　　　「Tán Tụng Hồng Ân（神の恵み　感謝の歌）」
　　　　　作詞・作曲：Hải Linh & Vũ Đinh Trác
　　　　「생명의 양식（Panis angelicus: 天使の糧）」
退堂　「賛美の賛歌（テ・デウム）」典礼聖歌 367
　作曲：高田三郎
解散　「迷いを捨てて」（ユスト高山右近イメージソング）
　作詞・作曲：坪山健一

主こそ わが光

祈る 右近

作詞・作曲　Sr. 前田智晶, SCG

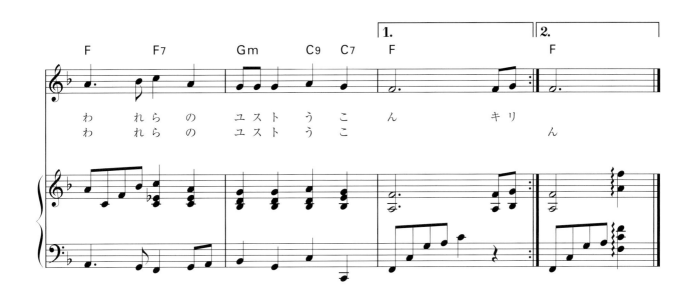

キリストの光を　まぶしいほど受けて

右近は祈る　祈り続ける

たとえ闇が行く手を覆い　道が見えなくとも

主こそわが光　主こそわが光

ただ主を信じて歩む　われらのユスト右近

キリストの恵みを　溢れるほど受けて

右近は祈る　祈り続ける

たとえ知らない国に追われ　身を渡されようとも

主こそわが光　主こそわが光

主と生きる喜び　それは　われらのユスト右近

迷いを捨てて

作詞・作曲　坪山健一

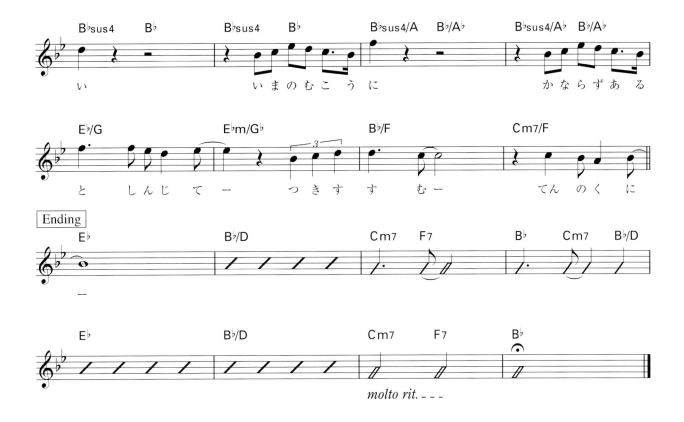

molto rit. - - -

二人の王には 仕えられない

1　戦い 奪い合う この世に生まれて
　　勝ち取る喜びに 囚われる日々
　　傷つき 人を傷つけて むなしい心に
　　注がれた 言葉

　　小さい兄弟を 大切に
　　その向こうには ほら 新しい世界が

　　迷いの中で 心に灯る
　　救いの光 信じて 歩き出す
　　奪うのではなく 求めるのでなく
　　与え続ける中で 見えてくる
　　天の国

2　この世の理想に 抗う中で
　　いつしか 何もかも 奪われる日々
　　それでも 心の灯火頼りに 御旨に
　　この身を委ねて
　　二人の王には 仕えられない
　　心を尽くして 思いを尽くして

　　迷いを捨てて ただひたすらに
　　茨の道を 選んで 歩いてゆく
　　辛く険しい 今日の向こうに
　　必ずあると信じて 突き進む
　　天の国

どこまで行けば
辿り着くのか
果てしなく遠い
理想の世界
でも夢見てる
信じてる
光が溢れる
この道を

奪うのではなく 求めるのでなく
与え続ける中で 見えてきた この道

迷いを捨て
迷いを捨てて ただひたすらに
茨の道を 選んで 歩いてゆく
辛く険しい 今日の向こうに
必ずあると信じて 突き進む
天の国

II 列福感謝ミサ

2月8日（水）

　10:00～　於：カトリック玉造教会

　日本カトリック司教協議会主催

　主司式：髙見三明長崎大司教

　　　　　　　　（日本カトリック司教協議会会長）

　※アンジェロ・アマート枢機卿臨席

2月9日（木）

　10:30～　於：カトリック金沢教会

　名古屋教区主催

　主司式：松浦悟郎名古屋司教

　※アンジェロ・アマート枢機卿臨席

2月10日（金）

　11:00～　於：カトリック新潟教会

　新潟教区主催

　主司式：菊地功新潟司教

　18:00～　於：カトリック麴町教会

　東京教区主催

　主司式：アンジェロ・アマート枢機卿

　共同司式（司教）：ジョセフ・チェノットゥ大司教

　　　　　　　　　　岡田武夫東京大司教

　　　　　　　　　　梅村昌弘横浜司教

　　　　　　　　　　大塚喜直京都司教

2月11日（土）

　11:00～　於：カトリック大分教会

　大分教区主催

　主司式：浜口末男大分司教

　14:00～　於：カトリックザビエル教会

　鹿児島教区主催

　主司式：郡山健次郎鹿児島司教

2月12日（日）

　10:00～　於：カトリック桜町教会

　高松教区主催

　主司式：諏訪榮治郎高松司教

　10:30～　於：カトリック河原町教会

　京都教区主催

　主司式：大塚喜直京都司教

　18:30～　於：カトリック浦上教会

　長崎教区主催

　主司式：髙見三明長崎大司教

2月14日（火）

　10:00～　於：カトリック大名町教会

　福岡教区主催

　主司式：宮原良治福岡司教

列福感謝ミサでのアマート枢機卿説教

1　聖ベネディクトの姉妹、聖スコラスティカの記念日である本日の典礼のみことばは、神からの二重のメッセージをわたしたちにゆだねています。第一は、楽園でアダムとエバが犯した不従順の罪（創世記3・1―8参照）を犯さないようにということ、そして第二は、身体、あるいは精神の病をいやしてくださる主をほめたたえるために声を使うように（マルコ7・31―37参照）ということです。

　福者高山右近は、まさしくそのように生きました。子どものころに洗礼を受けてから、たえず主に従順であり、その生涯は主イエスの福音の絶え間ない宣言でした。神への信頼と永遠のいのちへの信仰は、彼にとって呼吸のようなものでした。

2　右近の列福式は、その日本人のキリスト者としての気高い姿を目の当たりにしてくれました。事実、彼は字義どおり、深い霊性の人でした。右近は、聖霊の七つのたまもの、すなわち、上智、聡明、賢慮、勇気、知識、孝愛、主への畏敬を身にまとっていました。こうした強力な霊的な武器をもって、自己の聖化と宣教の使命において果敢に戦いました。

福者右近は、イエスと深く結ばれて、あらゆる人にキリストをもたらすこと、日本を模範的なキリスト教国にすることを強く望んでいました。彼は、すべてを信仰の目で見、判断していたのです。長い間、アブラハムのように実に謙虚に貧しく生き、最後には、苦しく貧しい状況での国外追放によって、祖国を捨てることになりました。

3　信仰のあかし人であった右近の特徴は、いくつも挙げることができます。まず何よりも、イエスの福音をのべ伝えることにおける熱意です。高貴な大名職にあっても、彼はその熱意をもっていました。人々の霊魂の救いに対し、無限の熱意を有していたのです。

さらに右近は、迫害と追放に直面しても、精神力と落ち着きをもって、怖気づくことはありませんでした。教えを否定するようにとそそのかされても、信仰を保ち続けました。優れた気質と確固たる信仰は、何一つ背くことなく洗礼の約束を守り抜くためには欠くことのできないものです。

聖イグナツィオの霊性に従って、すべてを神にゆだねる彼の心は称賛に値するものでした。国外追放後も、右近は地上の富には無関心であったことが知られています。たとえば彼は、フィリピン総督からの経済的援助の申し出を断りました。政治的なことがらに巻き込まれないためにです。良心に忠実であるために、自らの関心事はたえず後回しにしていました。

右近は、聖書に登場する人物のように忍耐強い人でした。使徒的活動においては、改宗は自由な恵みであるとして、強制することはありませんでした。このことは、400年前の日本でのこととはいえ、紛れもなく今の時代にも訴えることがらです。

右近にとって、神の愛は最高の価値であり、そのために、他のあらゆるものを犠牲にしました。名誉、富、権力を拒み、キリスト教の信仰を唯一の宝として保つことを望みました。このようにして彼は、幸せは、それらのものを手に入れることにではなく、徳や神の愛に生きることにあるということを示してくれました。

4　ですから、高山右近の列福は、日本の教会にとって、刷新を促し、宣教へと駆り立てるメッセージだといえます。彼は、真の日本人、また偉大なキリスト者としての模範です。日本のカトリック信者は、無関心と困難とに取り巻かれていても、生きるうえで彼に鼓舞され支えられることでしょう。右近は福音を日本人に示してくれました。彼にとって福音は、西洋や東洋といった特定の文化の所産ではなく、あらゆる人、あらゆる文化に救いをもたらす、聖なるみことばであったのです。

こうした福音の文化内開花の例に、あらゆる作法が侍の伝統的な所作とは異なる、右近による茶の湯があります。茶室に聖画を掲げ、茶を点てる際に祈りの時を設けていました。それゆえ、茶の湯は、神と直接に出会う場となっていました。客をもてなしつつも、彼らに誠実さと心の清めを求めました。

5　高山右近は、真のキリストの弟子でした。ですから、彼の列福は過去の一人物の祝いではなく、今の時代にまさにかなった、信仰上の英雄の祝いです。右近は、称賛し、倣い、取り次ぎを願うべき、示唆に富んだ模範なのです。

列福は、列聖への前段階です。この輝かしい最後の段階へと至るために、教会は、福者の取り次ぎによる一つの奇跡を要求します。

ですから日本の教会は、神の忠実なしもべであった福者ユスト高山右近が、恵みや奇跡を与えてくださるよう、たえず祈らなければなりません。とくに今日、わたしたちを照らし、守り、豊かな恵みで満たしてくださるよう、右近に取り次ぎを願いましょう。

アーメン。

（2月10日、於・カトリック麹町教会。原文イタリア語）

Ⅲ　資料・解説

教皇シスト五世が右近にあてた 1590 年 4 月 24 日付教皇書簡

わたしの愛する子ユスト高山右近殿へ

わたしの愛する子であるあなたに、わたしのあいさつと教皇の祝福を贈ります。

神を敬い心から仕えるキリスト者は、潔くこの世での務めを捨て、またこの世の富に頼らず、苦しみを主から与えられた恵みとして受け入れ、聖性への道を全うしようとします。

あなたはその模範を本当によく示してくれました。追放という身分から逃げ出すことなく、築き上げたすべての富を失っても、毅然として、神を信じて生きる態度は揺らぐことはありません。あなたは神への義のために、あらゆる欠乏の中で信仰・希望・愛をはぐくんできました。

キリストの教えは、見た目にはいのちが軽んじられるような殉教というあかしによって広められてきました。あなたは追放という境遇を通して、そのことを本当によく示しています。

主の栄光のために、また、あなたとあなたの国の人々の救いのために、最期まで忠実に自分をささげ尽くすことのできるキリスト者は、すでに天の国の栄光を約束されています。あなたのあかしはその模範です。わたしは、こうしたあなたの信仰とあかしを本当に喜び、心からの賛辞と教皇の祝福を送ります。

あなたは、「義のために迫害を耐え忍ぶ人は幸い、天の国はその人のもの」という主のみことばを知っています。キリストに倣って自分で十字架を担う人は、茨の冠をかぶせられた頭と一緒に、その体も苦しまなければならないように、主の後に従って生きることの意味をあなたはよくご存じです。

わたしはあなたに勧告などいたしません。あなたは、ことばに尽くせない聖徳に恵まれているからです。わたしはあなたを改めて励ましたりなどしません。あなたはすでに情熱に満ちあふれているからです。

わたしがここで告げたいのは、あなたに対してではなく、他の人々のためなのです。わたしが人々に伝えたいことは、あなたがすでにこれまでの生活でしっかりとあかししてきたことなのです。滅びることのない天の国の富は、あなたが地上で取り上げられ失った富とは比べものになりません。揺るぐことのない信念を盾に、情熱的な愛を剣にして、あなたは天の国の富を得ることになるでしょう。

　　1590 年 4 月 24 日教皇在職 5 年目
　　ローマ、聖ペトロのかたわらにて

教皇シスト五世

右近から託された遺産——殉教は、神の存在証明

聖人・福者とは

　キリストがもたらした福音こそ真の救いであることをその生き方によってあかしし、信仰の模範を示した人々に、教会は、その始めから聖人・福者として特別な尊敬を払ってきました。その人の生き方、その人の信仰が、わたしたちをキリストに導いてくれることを教会が保証するのです。

　列聖列福は、人々の偉業をたたえ、顕彰するいわゆる叙位叙勲制度とはまったく異なります。福者は、聖人に認定される前の段階であり、聖人と福者の間には優劣の差はありません。聖人は、全世界の教会において公の礼拝の場で祝われます。聖人の前段階である福者は、おもに出身国の教会の典礼で公に記念されます。日本の教会では、パウロ三木やトマス西ら42人が聖人に、ペトロ岐部や中浦ジュリアンら393人が、福者の列に加えられています。

殉教者とは

　信仰は、理論や理念を納得して受け入れることとは異なります。人間を愛し救う神を全人格で受け入れることです。信仰は、論理的な説得ではなく、あかしによって伝わります。あかしには、さまざまな種類がありますが、その中でもっとも説得力をもつものは、自己のいのちをかけたあかしでしょう。

　力なく弱々しく、ぼろ布のように十字架の上で死んだ、あの情けない男が、世界を救うと信じとおして、いのちまで捨てるのです。これが殉教です。殉教は、神の存在証明なのです。教会は、殉教者に対して特別な尊敬を払い、その生き方に倣おうとします。

　教会が、具体的に殉教と認めるのは、次の三点を満たす場合です。

　第一は、信仰に対する迫害によって実際に殺害されるか、殺害を視野に入れた拷問や投獄による死です。第二は、迫害の明確な意図が、信仰への憎悪と反感であること。第三は、信仰への迫害を死に至るまで忍ぶ動機が、ただ信仰を守ることと認められることです。

　右近は病死しており、実際に殺されたわけではありません。しかし外国への追放の意図そのものは、死を見据えており、殺害されたと同様であると認められます。また迫害する幕府も、迫害される右近も、政治的・経済的な意図はなく、ただ信仰の一点を巡ってのことでした。したがって、右近の出来事は、教会によって殉教と認められました。

ユスト高山右近の列福の意義

試練が生む選び

　右近が生きた16～17世紀の日本は、長く続いた戦乱がようやく収まって国が統一に向かう時代です。商業活動が活発化し、金鉱や銀鉱の発見などを背景に貿易が盛んになりました。経済的にも文化的にも活気あふれる雰囲気の中で、人々は、知恵と才覚さえあれば、目に見える繁栄や権力、名誉が、だれでも手にできるという夢をもてました。その気になれば、さまざまな分野で上を目指せる時代だったのです。

　そのような時代に武家に生まれた右近は、キリスト教の信仰に出会いました。右近は、まさに上を目指す戦国武将たちの世界に生まれ育ちました。右近は、望めば、いくらでも上を目指す才能に恵まれていました。

　しかし右近は、いくつかのつらい体験をとおして、目に見える富や権力や名誉が、実は、はかない、一時的なものに過ぎないことを見抜きました。右近は、実力派の大名と目される人物でしたが、たえず上を求める権力闘争から身を引き、人間を真に幸福にする信仰の道をあえて選び取ったのです。どのような人でも、無条件に愛される価値がある。その根拠は何か。右近は、人の価値は、才能や知識、能率・効率、業績によるのではなく、無条件に神から愛されている事実によることを、イエス・キリストが伝えた福音から学び取りました。右近の生涯は試練の連続であり、追放に追放を重ねる生活を余儀なくされました。地位も名誉も失い、流浪の生活が続き、ついに祖国を追われても、右近は神だけに愛される幸せを生き抜きました。右近は、選びの人です。生涯の中で、重要な選びを重ねる

たびに、右近は、目に見えるかたちで貧しさを加えていきます。しかし選びを重ねるたびに、右近の心は、豊かさを増していきました。

　現代は相対的価値観に満ち、信念を貫いて生きることが困難な時代です。そして、さまざまな生き方の選択肢を用意する現代、才能や能力の有無という価値観で負け組・勝ち組を振り分けようとする時代にあって、右近は、人間の救いはイエス・キリストの福音によると信じ、何が真の人間の価値であるか、何が人間を真に幸福にするかを見抜き、それに向かって主体的に自分の生き方を選び取り、どのような状況に置かれても、神と人への愛を選びの基準にする道を示しました。右近は、ぶれることなく、一つのことを選び続けたのです。右近が選び続けた道は、福音を聞いて神に従う生き方です。

　右近の列福を機に、日本の教会は、右近があかししたイエス・キリストの福音こそ、確かに信じる価値をもち、現代社会に大きな光をもたらすことを力強く訴えていけるでしょう。

真の謙遜──神だけに頼る人

　右近は、長い間、与えられた権力や力、才能によって、主に奉仕しようとしました。自分の領内に教会を建て、神学校を設立し、慈悲のわざに力を注ぎました。そして自分の力で殉教しようと決意したのです。しかし、大名の地位から追われてしまうと、だれかに頼らなければ、自分は何もできないことに気づきました。こうして初めて、右近は、謙遜の人になったのです。謙遜とは、ただ膝をかがめたり、自分を卑下して見せたりすることではありません。フランシスコ・ザビエルによれば、真の謙遜とは、ただ神だけに頼ることです。右近は、自分が望んでいたように、華々しい殉教を遂げることはかないませんでした。神が望んだ右近の殉教は、ゆっくり死ぬことでした。右近は、その意味を最後に知ったといえるでしょう。

ユスト高山右近の列聖運動の経緯

1　列聖運動の始まり

　右近がフィリピンに到着したとき、その聖徳に対す

る名声は高く、死後すぐに、列聖運動が起こりました。宣教師として来日し、右近と親しかったスペイン人のイエズス会員ペドロ・モレホン神父（Pedro Mórejon, 1562─1639）は、右近の列聖審査のための資料を準備しました。その記録は、同師の手になる『日本殉教録』に記載されています。これらが、今回の列聖審査の基礎資料になりました。

　このように右近の列聖運動は、右近の帰天直後に起こりました。しかしその後、鎖国と禁教政策が進む日本から必要な資料を手に入れる方法がない困難さなどで調査の続行は難しくなり、列聖運動は、いったん終息しました。

　時は移り、1940年、マニラ大司教は、右近の列聖を教皇庁に申請できる権限（管轄権）を当時のカトリック大阪司教区に委譲しました。

2　証聖者として列聖を申請

　第二次世界大戦終結後の1949年5月、右近の列聖申請を行うための全国組織が東京教区内に置かれました。1964年、右近の列聖申請のための正式な歴史調査を行う委員会が、大阪司教区内に設置されました。同調査はその後、日本カトリック司教協議会の殉教者列福調査特別委員会（現列聖推進委員会）に引き継がれ、1986年4月18日付で、右近の列聖を証聖者として申請する資料が、ローマの列聖申請代理人に提出されました。代理人は、日本側の調査資料を教皇庁列聖省に提出する正式な列聖申請書に整える作業を進めました。そして1994年6月8日、教皇庁列聖省は、右近の列聖手続きが適正に行われていることを認証し、右近に「神のしもべ」の称号を与えました。

　その後、教皇庁列聖省の審査に要する歴史関連資料の改訂を重ねる一方、証聖者としての列福に必要な奇跡の報告を待つことになりました。

3　列聖申請事由を殉教者に変更

　聖人・福者には、殉教者と証聖者がいます。殉教者は、反対者の手により、信仰のために直接殺害されることで信仰をあかしする人たちです。証聖者は、殉教によらず、その生涯を通して信仰のあかしを立てた人です。右近は、直接処刑されたのではなく、追放の地

マニラで病死しました。日本の司教団は、最初、右近を証聖者として列聖の申請を行いました。証聖者での申請の場合、列福のために、重い病気からの回復などの奇跡を待たねばなりません。

　そこで日本の教会は、一日も早い列福の実現を願い、右近の取り次ぎによる奇跡を求めていました。その後、2011年7月、列聖省長官アンジェロ・アマート枢機卿は、当時の列聖列福委員会（現列聖推進委員会）委員長溝部脩司教のたびたびの要請にこたえ、右近の列聖事由を殉教者に変更しました。信仰を理由に直接、殺害されていなくても、右近は劣悪な環境にあって最後まで信仰を守った事実が殉教と認められたのです。

　殉教者の列福は奇跡を必要としません。申請書類の審査だけで右近の列福が実現することになりました。この決定に従い、列聖列福委員会は列聖申請書の内容を殉教者用に改訂する作業に入りました。そして2012年12月3日、委員会は、列聖申請書の改定に必要な600ページに上る資料と図版をローマの申請代理人に送付しました。

4　教皇フランシスコによる列福の承認

　2014年7月15日、ローマの列聖申請代理人アントン・ヴィットヴェル（Anton Witwer, SJ）師は、上記の資料に基づいて作成した正式の列聖申請書を列聖省に提出しました。これに基づき、教皇庁列聖省歴史専門部会が2014年12月2日、同神学専門部会が翌2015年6月16日、それぞれ、右近の列福を可決。列聖省を構成する高位聖職者による通常会議の最終審査を経て、2016年1月21日、教皇フランシスコは、ユスト高山右近の死が信仰のあかしであるとして称賛し、その列福を承認しました。

高岡古城公園（富山県）に立つ西森方昭作の右近像。同型の像が、高槻城址公園（大阪府）、小豆島・土庄教会（香川県）、志賀町の高山右近記念公園（石川県）、そしてフィリピンのマニラ市パコ駅前ディラオ広場にもある。

右近関連略年表

1549（天文 18）	フランシスコ・ザビエル来日、キリスト教を伝える。
1552（天文 21）	彦五郎（後の右近）、摂津国三島郡清渓村高山（現大阪府豊能郡豊能町）に生まれる。
1560（永禄 3）	室町幕府、宣教師ヴィレラに畿内の宣教を許可。
1563（文禄 6）	肥前の大村純忠、洗礼を受け最初のキリシタン大名となる。父飛騨守が洗礼を受けダリオと名乗る。右近、沢城で洗礼を受けユストと名乗る。ダリオ夫人、家臣など 150 人も同時に受洗。
1568（永禄 11）	飛騨守、摂津守護和田惟政より芥川城を授けられる。
1569（永禄 12）	織田信長、ルイス・フロイスに京都宣教を許可。
1571（元亀 2）	高山氏、高槻に移る。
1573（元亀 4）	和田惟長、高山父子暗殺を計る。飛騨守、高槻城主に。まもなく隠居して宣教に献身。右近、高槻城主となり荒木村重に属す。
1574（天正 2）	右近、摂津余野の黒田氏の娘ユスタと結婚。高槻に天主堂を建設。
1578（天正 6）	荒木村重、織田信長に謀反。右近、高槻城を開城。豊後の大友宗麟が受洗。
1579（天正 7）	村重側についていた父飛騨守、柴田勝家預けとなり北庄（福井）へ。
1580（天正 8）	安土城築城に伴い、安土セミナリオ（神学校）建設。
1581（天正 9）	巡察師ヴァリニャーノを高槻に迎え、盛大に復活祭を祝う。
1582（天正 10）	本能寺の変。山崎の合戦で先陣を取った右近は、4 千石を加増される。安土セミナリオを高槻に移す。父ダリオ、高槻に戻る。天正遣欧使節がローマへ出発。
1583（天正 11）	賤ヶ岳の合戦。秀吉方で出陣した右近は、佐久間盛政に敗北。大坂城築城にあわせ、大坂南蛮寺（教会）建設。小西行長、黒田孝高（如水）、蒲生氏郷ら受洗。
1584（天正 12）	小牧・長久手の合戦に参戦。
1585（天正 13）	根来・四国平定に参加。武功を挙げ、播州明石に転封。明石教会建設。
1586（天正 14）	イエズス会日本準管区長ガスパル・コエリョを伴い大坂城で秀吉に謁見。
1587（天正 15）	秀吉の九州平定に参加。秀吉のバテレン追放令により、右近は、領地没収のうえ追放。小西行長によって小豆島にかくまわれる。大村純忠、大友宗麟帰天。
1588（天正 16）	小西行長とともに南肥後へ。秀吉の命で前田利家預けとなり金沢へ。利家、右近を客将とし、その保護の元で茶人としても活躍。宣教活動に入る。細川忠興夫人玉子受洗。
1590（天正 18）	小田原攻めに出陣。武功を挙げる。
1591（天正 19）	ヴァリニャーノら、秀吉に謁見。
1592（天正 20）	秀吉、朝鮮半島侵攻（文禄の役）。
1593（文禄 2）	フランシスコ会の宣教師来日。大友義統、朝鮮の役の失敗で改易。
1595（文禄 4）	父ダリオ帰天。長崎に埋葬。
1596（慶長元）	土佐浦戸でスペイン船サン・フェリペ号事件が起こる。
1597（慶長 2）	長崎で 26 聖人が殉教。秀吉、2 回目の朝鮮半島出兵（慶長の役）。
1598（慶長 3）	秀吉逝去。

1599（慶長4）	前田利家逝去。右近、金沢城を修築。
1600（慶長5）	細川ガラシャ、人質を拒否して死す。関ヶ原の戦い。右近は、前田利長に従い大聖寺城を攻略。小西行長処刑。
1602（慶長7）	ドミニコ会、アウグスチノ会の宣教師、相次いで来日。
1605（慶長10）	金沢に教会建設。
1609（慶長14）	右近、前田利長の命で高岡城を築城。
1612（慶長17）	岡本大八事件を機に、家康の教会への不信が高まる。
1613（慶長18）	伊達政宗の家臣支倉常長、ヨーロッパへ派遣される。
1614（慶長19）	江戸幕府、キリシタン禁教令を発布。右近一家、金沢を出て大坂から船で長崎へ。長崎からジャンク船でマニラへ。マニラで大歓迎を受ける。
1615（慶長20）	マニラ到着後40日ほどで熱病を得、2月3日帰天。享年63。マニラ市により盛大な葬儀が営まれ、遺体はイエズス会の聖堂に葬られる。
2016（平成28）	1月21日、教皇フランシスコ、右近の列福を承認。
2017（平成29）	2月7日、大阪城ホールで挙行された列福式ミサにおいて、教皇フランシスコ代理アンジェロ・アマート枢機卿（列聖省長官）が、教皇書簡の朗読をもって列福を宣言。

（上）高槻教会敷地内に立つ大理石の右近像。ニイブラ・アルギイニイ氏作で、クラレチアン宣教会から寄贈された。1965年3月21日に挙行された高山右近逝去350年祭において教皇パウロ六世の代理であるマレラ枢機卿により祝別された。
（左）同じく高槻教会敷地内に立つ右近顕彰碑。1946年に書かれた撰文は、元大阪教区長、田口芳五郎司教（後に大司教、枢機卿）による。

ユスト高山右近の列福を求める祈り

2003年2月に、列聖列福特別委員会（現・列聖推進委員会）によって認可され頒布された祈りのカード。

ユスト高山右近の列福を求める祈り

日本カトリック司教協議会
列聖列福特別委員会

日本カトリック司教協議会
列聖列福特別委員会

〒135-8585
東京都江東区潮見二―一〇―一〇
電話 〇三―五六三二―四四四五

写真：高山右近像　舟越保武作
（日本二十六聖人記念館所蔵）

Jan.2012 70,000

ユスト高山右近の列福を求める祈り

すべての人の救いを望まれる神よ、
ユスト高山右近は、「全世界に行って、福音をのべ伝えなさい」というキリストのことばにこたえ、苦しむ人を支え、困難のうちにある人を助け、あなたへの愛をあかししました。また、世の権力に屈することなく福音に忠実に従う道を選び、すべての地位と名誉を捨て、幾多の困難をすすんで受け入れ、ついには異国へ追放されました。このように、あなたはユスト高山右近をとおして、すべての人に仕える者の姿を示してくださいました。

父である神よ、どうかわたしたちの祈りを聞き入れ、福音を力強くあかししたこの神のしもべを福者の列に加えてください。
わたしたちの主イエス・キリストによって。アーメン。

（各自の意向を沈黙のうちに祈る）

父である神よ、現代に生きるわたしたちが、あなたの忠実なしもべユスト高山右近にならって、この世の力や誘惑に惑わされることなく生き、み名を知らない人びとに福音をあかしできるよう、ゆるぎない信仰と勇気で満たしてください。
わたしたちの主イエス・キリストによって。アーメン。

二〇〇三年二月　日本カトリック列聖列福特別委員会認可

司教協議会会長（当時）談話

2016 年 1 月 22 日

イエス・キリストにおいて兄弟姉妹の皆様

日本カトリック司教協議会

会長　岡田武夫　東京大司教

ユスト高山右近の列福の承認に当たって

　兄弟姉妹の皆様、今日は、日本の教会にとって、大変喜ばしいお知らせをいたします。

　教皇フランシスコは、日本時間の 1 月 21 日、神のしもベユスト高山右近を殉教者として列福することを承認する教令に署名してくださり、同 1 月 22 日午後 8 時にその発表がありました。列福式の日取りと場所、司式者は、今後、当司教協議会と教皇庁国務省が相談して決定する予定です。

　信仰は、理論や理想よりも、むしろ神の愛と出会うことから生まれ、育ちます。信仰をもつに至る最後の決め手は、神の愛に出会った人のあかしによります。その中でも最高のものは、いのちを懸けたあかしです。神の愛がまことの救いであることを、いのちを懸けて証明する人がいて初めて、神の福音が真正であることが分かります。

　右近は、大名の立場にありましたが、世の富や名誉、権力に勝って、神の愛こそが、人を幸せにすることを確信しました。そしてどのような誘いや迫害にあっても、また祖国を追われても、その確信に生き、生涯を閉じた人です。

　時代は大きく変わっても、そのメッセージは、変わることなく、私たちの信仰を強め、福音宣教への力になることと確信します。右近をとおして神から与えられためぐみについて深く思い巡らし、感謝しながら、列福式の準備を進めて参りましょう。

以　上

金沢教会（石川県）の高山右近像。

報道について

当日の取材者は総勢 45 名。内訳は以下のとおり。

テレビ（7 社）

NHK、大阪放送局、金沢放送局、計 3 名、MBS 毎日放送 3 名、ABC 朝日放送 3 名、関西テレビ 3 名、よみうりテレビ 3 名、テレビ大阪 3 名、北陸放送 4 名。

新聞・通信社（7 社）

朝日新聞 2 名、読売新聞 4 名、毎日新聞 2 名、中日新聞 2 名、共同通信社 2 名、時事通信社 2 名、IL SOLE-24 ORE（トリノの経済紙）1 名。

宗教紙誌（6 社）

カトリック新聞 1 名、キリスト新聞 1 名、クリスチャン新聞 1 名、中外日報 1 名、女子パウロ会 2 名、ドン・ボスコ社 2 名。

テレビでのおもな報道等

NHK

【当日】18 時台、関西・金沢ローカルニュース。20 時台、関西・金沢ローカルニュース。23 時台、全国ニュース。20 時台、ラジオニュース。

【翌日】5、6 時台、全国ニュース。7、11 時台、BS ニュース。

さらに、この週のネットトレンドワードのランキング 10 位に「高山右近」が入ったため、金曜日夕方のまとめ全国ニュースでも取り上げられた。

MBS 毎日放送

【当日】17 時台、関西ローカルニュース。

ABC 朝日放送

【当日】24 時台、全国ニュース。

関西テレビ

【当日】17 時台、関西ローカルニュース。

よみうりテレビ

【当日】17 時台、関西ローカルニュース。

テレビ大阪

【当日】17 時台、関西ローカルニュース。

北陸放送

当日のニュースのほか、バチカンやフィリピンでも取材を行い特集番組を制作。5 月 28 日放送予定。6 月には BS-TBS で全国放送される予定。

朝日新聞 2017 年 2 月 8 日朝刊

高山右近、福者の列に

キリシタン大名・高山右近がカトリックの「福者」に認められたことを宣言する列福式が 7 日、大阪城ホール（大阪市）で開かれた。ローマ法王代理としてバチカン（ローマ法王庁）から派遣された枢機卿が進行役の主司式を務め、信者ら約 1 万人が参列した。

福者は、聖人に次ぐ崇敬の対象。右近は昨年 1 月、法王から承認された。

式では、聖遺物として右近のチョッキの切れ端が壇上に置かれた。岡田武夫・東京大司教が福者の列に右近を加えるよう請願。法王代理のアンジェロ・アマート列聖省長官が法王の書簡を読み上げ、「福者の列に加えます」と告げた。その後、右近の肖像画が除幕された。カトリックは今後、右近が亡くなった 2 月 3 日を記念日として毎年祝うという。

右近は戦国時代、今の大阪府豊能町で生まれ、12 歳で洗礼を受けた。豊臣秀吉のバテレン追放令でも信仰を捨てず、前田利家に保護された。1614 年に江戸幕府の禁教令で国外追放となり、翌年 2 月 3 日にマニラで亡くなった。

日本では 42 人が聖人に、3993 人が福者に認定されている。

（岡田匠、写真は豊間根功智）

読売新聞
2017年2月7日夕刊
（左右とも）

戦国時代のキリシタン大名・高山右近にローマ法王庁（バチカン）が「福者」の敬称を与える「列福式」が7日、大阪市中央区の大阪城ホールで行われた。全国から約1万人の信者らが集まり、信仰を貫いた右近の遺徳をたたえた＝写真、近藤誠撮影＝。

「福者」高山右近 1万人たたえる

福者は信者の模範となる故人に与えられる敬称で、カトリックでは「聖人」に次ぐ崇敬の対象。式では、十字架や、右近の衣服とされる「聖遺物」などを運ぶ神父らが入場し、法王代理のアンジェロ・アマート枢機卿が法王書簡を読み上げて列福を宣言した。日本で列福式が行われたのは、2008年11月に長崎市で開かれた江戸初期のキリスト教殉教者188人の式以来、2回目。＜関連記事8面＞

◉ 高山右近（1552〜1615年）　摂津国高山（現在の大阪府豊能町高山）に生まれ、少年期に洗礼を受けた。織田信長や豊臣秀吉に仕え、高槻や明石の城主となるが、秀吉の「バテレン追放令」後も信仰を守り、領地を没収された。1614年、江戸幕府によりフィリピン・マニラに追放され、翌年病死した。

右近の生涯「大きな誇り」

高槻・豊能 ゆかりの地も喜び

大阪で列福式

キリシタン大名、高山右近に「福者」の敬称を与えるローマ法王庁の「列福式」が行われた7日、会場の大阪城ホール（大阪市）には約1万人の信者のほか、ゆかりの自治体関係者らが参列し、信仰に殉じた右近の生涯に思いをはせた。
〈本文記事1面〉

この日の式は正午から始まり、厳粛な雰囲気の中、信者らが祈りをささげた。涙ぐむ女性の姿もあった。

右近ゆかりの大阪府高槻市にあるカトリック高槻教会では、信者らによる研究会や顕彰委員会が勉強会などを開催している。同教会の清水誠一さん（70）は、右近を「殉教者」として福者に認定するよう、ローマ法王庁に申請した、昨年1月に認められた。

右近は21歳で洗礼を受けた右近は21歳で洗礼を父の影響で12歳で洗礼を受け、父の影響もあった。

豊臣秀吉の軍師・黒田官兵衛らを改宗させたことでも知られ、京都の南蛮寺の建設にも尽力したと伝わる。秀吉が「バテレン追放令」を出した後も信仰を貫き、領地を没収された。1614年には、フィリピン・マニラに身を寄せ、フィリピン・マニラでは大歓迎を受けたときの右近の生涯を紹介する町民ミュージカルの上演が予定されるが、翌年、現地で病死した。

り、翌年、現地で病死した。日本カトリック司教協議会

▲ 高山右近の列福式で感極まる信者＝7日午後0時25分、大阪市中央区の大阪城ホールで＝近藤誠撮影

町長は、右近の魅力を伝えようと、町民らが15年5月、右近と妻・ユスタの石碑を建てた。今月25、26日には、右近の生誕地の同府豊能町でも、右近の魅力を伝えるため、自分自身の信仰を見範に、自分自身の信仰を見つめ直したい」と話した。

生誕地の同府豊能町で待った日を迎えられた。自分を誇りに思う」と話した。この日、式に招かれた池田勇夫町長は「右近の存在は町にとっても大きな誇り。町が右近の生誕地であることをもっとPRしていきたい」と喜んだ。

毎日新聞
2017年2月7日夕刊

高山右近 列福式

カトリック教会 大阪・1万人参列

江戸幕府のキリスト教禁教令で国外に追放され、殉教したキリシタン大名の高山右近（1552〜1615年）をたたえ、「福者」とするカトリック教会の列福式が7日、大阪市中央区の大阪城ホールで開かれた。国内外から約1万人が参列した。

福者は最高位の崇敬対象である「聖人」に次ぐ称号。日本での列福式は、江戸時代初期の殉教した信徒ら188人が認定され、2008年に長崎市で開かれて以来、2度目。

高山右近は摂津国高山（現在の大阪府豊能町）出身。武士の家系で、父の影響で12歳で洗礼を受け、21歳で高槻城主となった。その後、豊臣秀吉に棄教を迫られ、拒んだため大名の地位を失った。1614年には江戸幕府の禁教令で国外追放となり、フィリピン・マニラで熱病にかかり死去した。

カトリック教会の日本司教団は、右近を殉教者として福者に加えるよう、バチカン（ローマ法王庁）に申請し、昨年1月承認された。

列福式では、アンジェロ・アマート枢機卿がフランシスコ・ローマ法王の書簡を代読し、列福を宣言した。

【米山淳】

大勢の人が集まり開かれた高山右近の列福式
＝大阪市中央区で7日午後0時28分、望月亮一撮影

撮影
峰脇　英樹

山脇　和哉
池田　浩基

ユスト高山右近列福式ミサ　公式記録集

2017年6月30日　発行

編　集
カトリック中央協議会出版部
監　修
日本カトリック列聖推進委員会
発　行
カトリック中央協議会
〒135-8585　東京都江東区潮見2-10-10 日本カトリック会館内
☎03-5632-4411（代表）

印　刷
株式会社精興社

Printed in Japan　　ISBN978-4-87750-205-8 C0016

乱丁本・落丁本は、弊協議会出版部あてにお送りください
弊協議会送料負担にてお取り替えいたします